niveau
de lecture
1

Tous lecteurs !

Documentaire

Châteaux forts

Denise Ryan
traduit par Lucile Galliot

hachette
ÉDUCATION

Sommaire

ISBN : 978-2-01-117489-5

Qui a bâti les châteaux forts ? Comment ?

Lis ce livre pour le savoir…

Vivre en sécurité

Au Moyen Âge*, des hommes riches, les seigneurs*, font bâtir des châteaux forts pour vivre à l'abri des attaques.

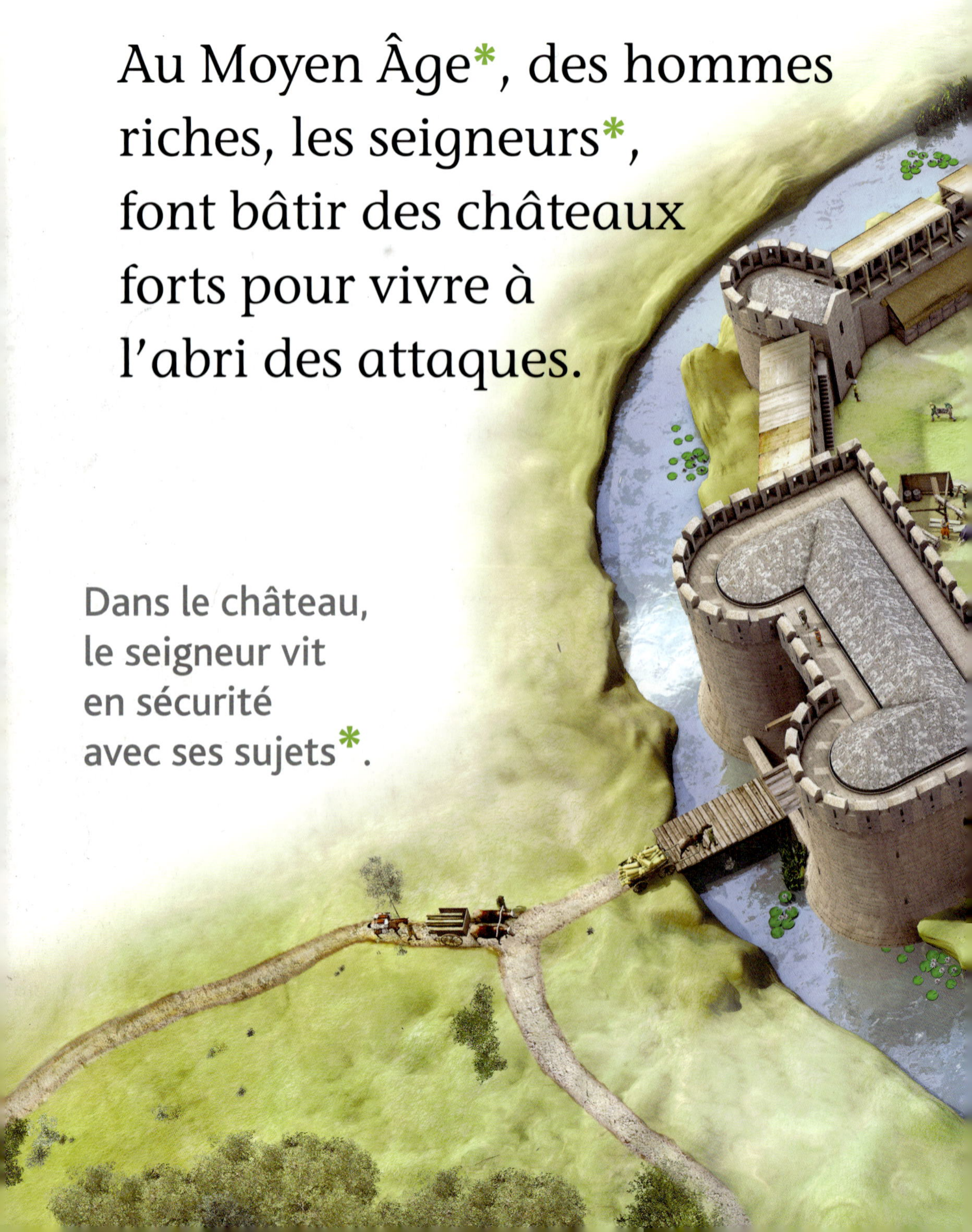

Dans le château, le seigneur vit en sécurité avec ses sujets*.

Bâtir un château fort

Il faut des années
pour bâtir un château fort…
et beaucoup d'hommes !

Ces hommes
découpent des pierres
pour les murs du château.

On se sert d'une grue pour soulever
les plus grosses pierres.

une grue
une pierre

Vu du ciel

De grandes tours, des remparts* très épais et des douves* pleines d'eau entourent le château.

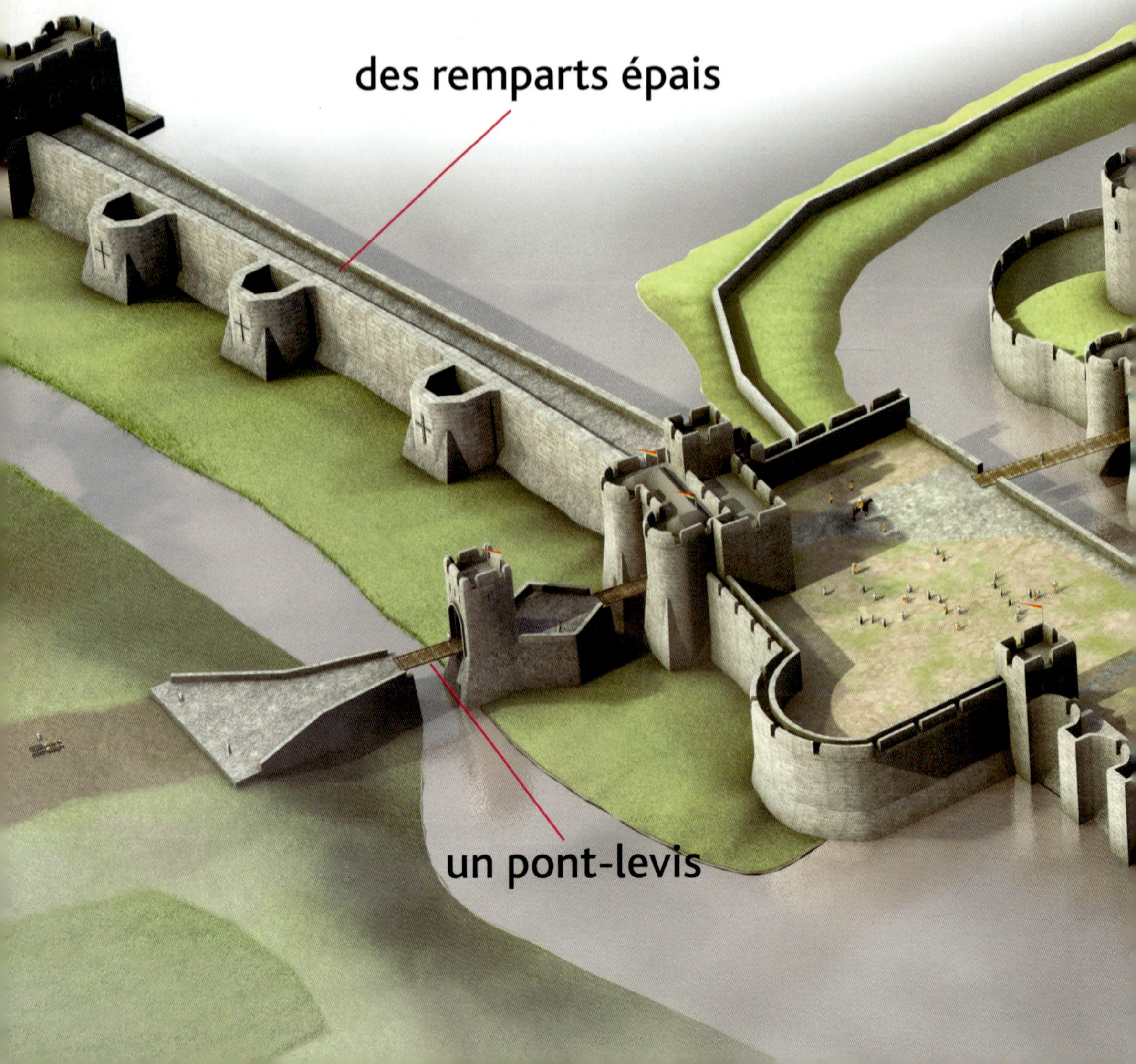

Pour entrer dans le château,
il faut passer sur le pont-levis*.

Les habitants

Un château fort, c'est comme une petite ville : des gens très différents y vivent.

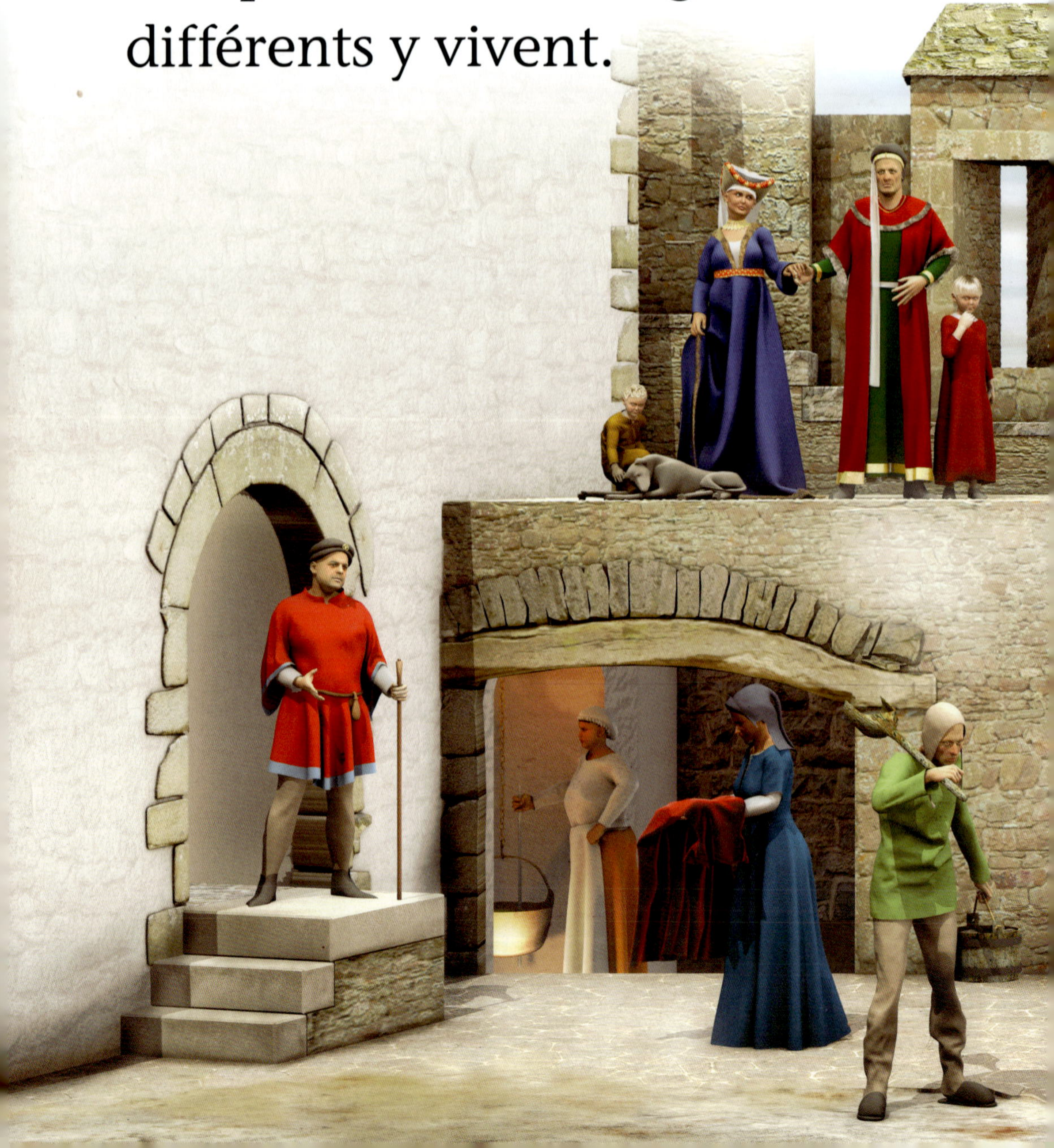

Où se trouvent le seigneur et sa famille ?

Les loisirs

Pour se divertir*, le seigneur et sa famille aiment jouer aux échecs.

Les châteaux ont souvent de très jolis jardins. Les habitants les plus riches aiment s'y promener.

Les banquets

Le seigneur organise souvent des banquets*. Les invités viennent dîner et écouter de la musique.

Des bouffons* et des musiciens animent le banquet.

À l'attaque !

Ce château est attaqué.
L'armée ennemie se sert
d'arcs et de catapultes*.

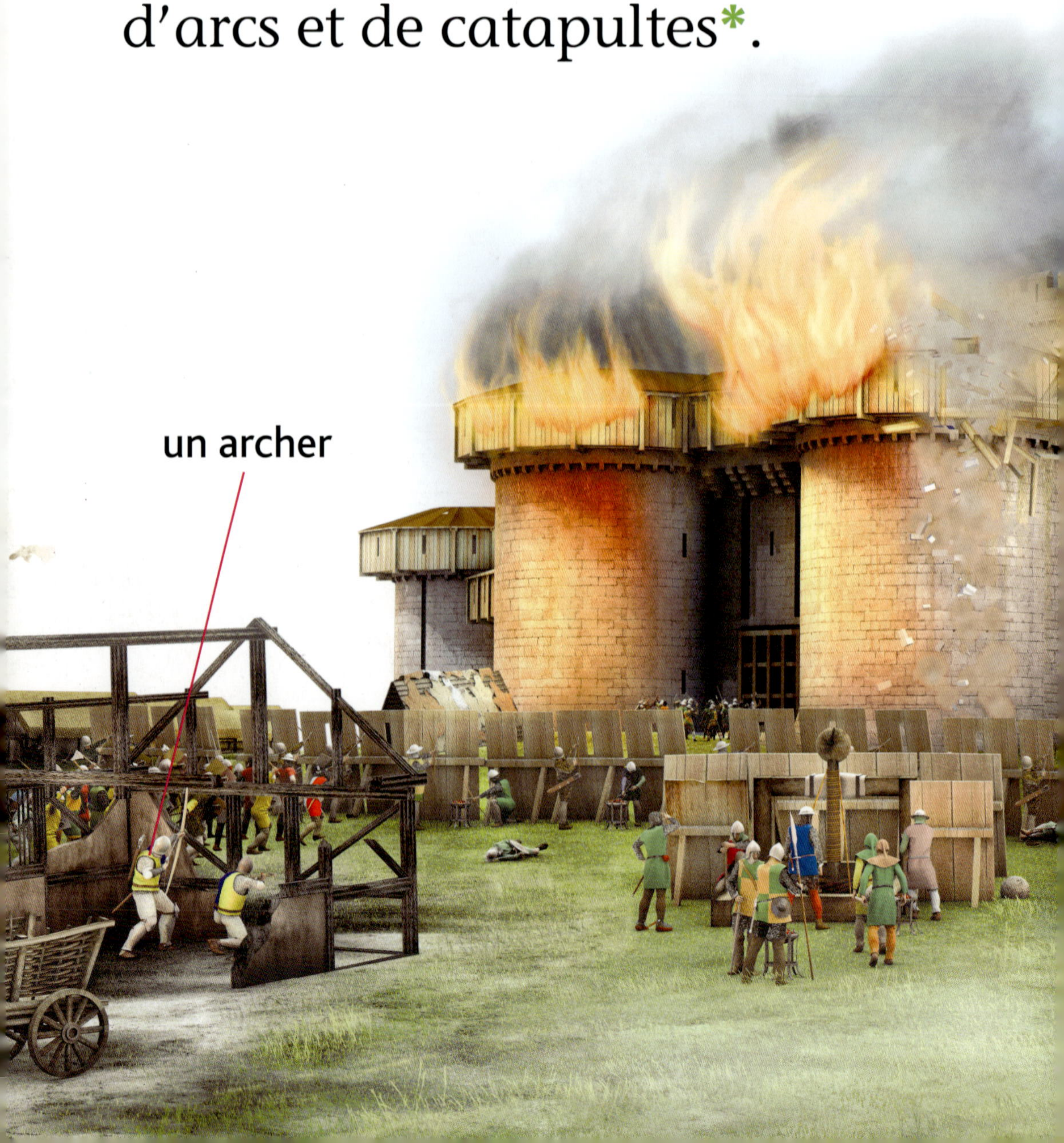

Si les habitants ne se rendent pas,
le siège* du château peut durer des mois.

Les chevaliers

Les chevaliers viennent
de familles riches.
Ils s'entraînent
à se battre
à cheval.

Ils portent des armures très lourdes pour ne pas être tués.

Les combats

Dans les armées,
il y a des soldats à pied,
les fantassins, et des hommes
à cheval, les chevaliers.

L'armée la plus grosse n'est pas toujours la plus forte !

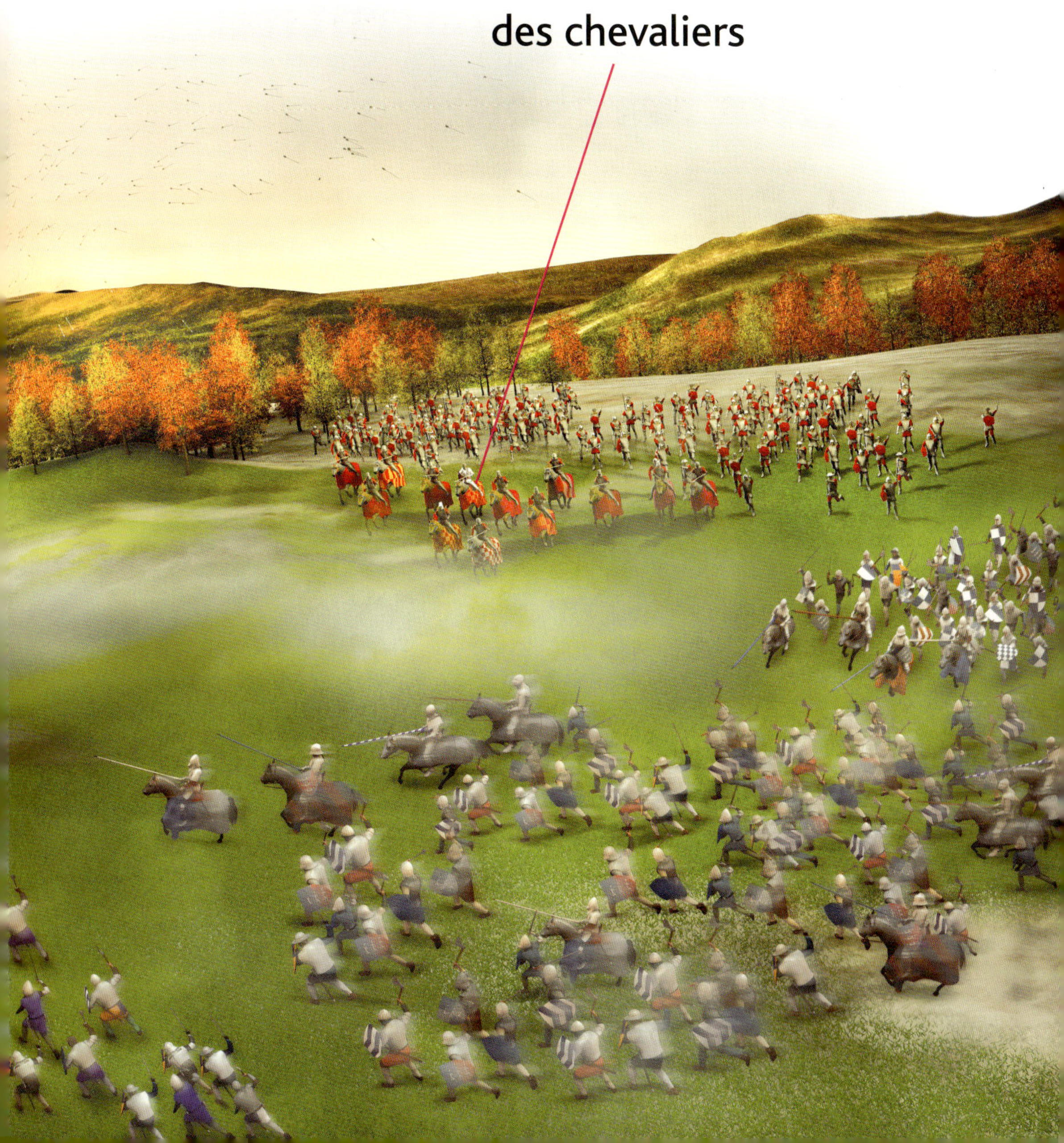

Château en paix

En temps de paix, la vie du seigneur, de sa famille et de ses sujets* est souvent calme et agréable.

Le seigneur et sa famille vivent dans des pièces du château fort.

Lexique

un banquet : un grand repas de fête.

un bouffon : une personne qui fait rire.

une catapulte : une machine de guerre utilisée pour projeter de grosses pierres.

se divertir : s'occuper en jouant.

une douve : un grand fossé rempli d'eau.

le Moyen Âge : une période de l'histoire qui a duré environ mille ans.

un pont-levis : un pont qui permet d'entrer dans le château.

un rempart : un mur haut et épais qui entoure le château.

un seigneur : une personne riche qui possède des terres.

un siège : l'encerclement d'une ville ou d'un château par une armée ennemie.

un sujet : une personne qui est au service du seigneur.

Mise en pages : Cyrille de Swetschin

Imprimé en France par Imprimerie CHIRAT - 42540 Saint-Just-la-Pendue - N° 201402.0205
Dépôt légal : Mars 2014 - Collection n° 36 - Édition 03 - 11/7489/5